Young Learner's

CURSIVE WRITING
Short Words

© Young Learner Publications®, India

Alphabet: Trace and Practice

Acorn

$\mathcal{A}$	$\mathcal{A}$	$\mathcal{A}$		

a	a	a		

Ball

$\mathcal{B}$	$\mathcal{B}$			

b	b			

Cookie

$\mathcal{C}$	$\mathcal{C}$			

c	c			

Dress

$\mathcal{D}$	$\mathcal{D}$			

d	d			

Elephant

$\mathcal{E}$	$\mathcal{E}$			

e	e			

Alphabet: Trace and Practice

Flower

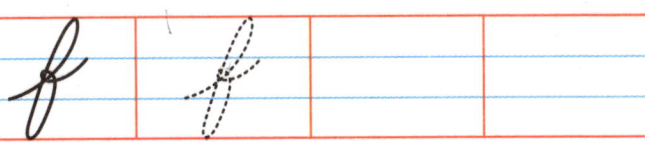

Globe

Hammer

Ice cream

Jacket

3

Alphabet: Trace and Practice

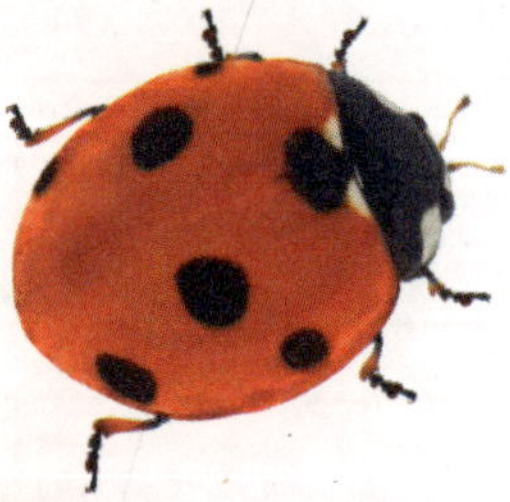

Kiwi

Ladybird

Mint

Napkin

Octopus

4

Alphabet: Trace and Practice

Printer

Quince

Rose

Skates

Tortoise

5

Alphabet: Trace and Practice

Umbrella

| $\mathcal{U}$ | $\mathcal{U}$ | | | |

| u | u | | | |

Vegetables

| $\mathcal{V}$ | $\mathcal{V}$ | | | |

| v | v | | | |

Wombat

| $\mathcal{W}$ | $\mathcal{W}$ | | | |

| w | w | | | |

Xylophone

| $\mathcal{X}$ | $\mathcal{X}$ | | | |

| x | x | | | |

Yogurt

| $\mathcal{Y}$ | $\mathcal{Y}$ | | | |

| y | y | | | |

Alphabet: Trace and Practice

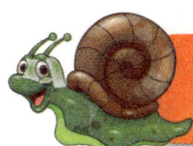

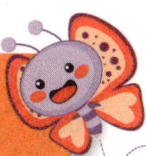

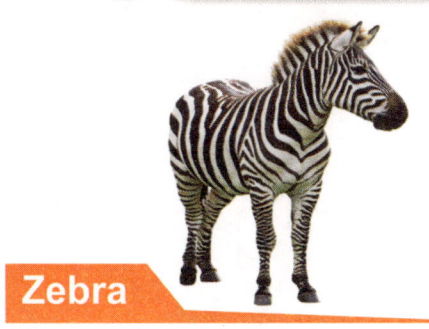

Zebra

Z z

Z z

Write A - Z in the boxes given below.

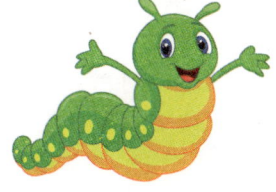

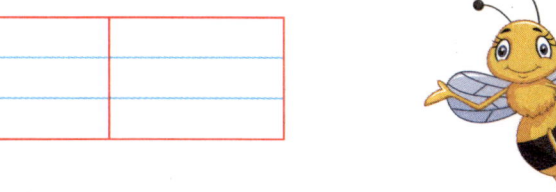

Write a - z in the boxes given below.

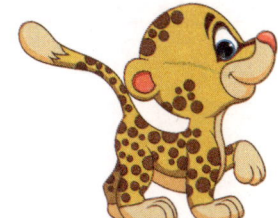

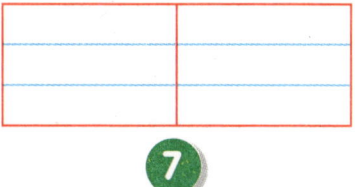

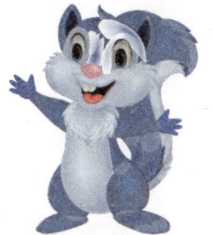

Words: Two Letters

Am	Am				
am	am				
As	As				
as	as				
At	At				
at	at				
Be	Be				
be	be				
By	By				
by	by				

Words: Two Letters

Do	Do				
do	do				
Go	Go				
go	go				
He	He				
he	he				
If	If				
if	if				
Is	Is				
is	is				

Words: Two Letters

It	It				
it	it				
Me	Me				
me	me				
My	My				
my	my				
No	No				
no	no				
Of	Of				
of	of				

Words: Two Letters

| On | On | | | | |
| so | so | | | | |

| on | on | | | | |

| So | So | | | | |

| so | so | | | | |

| To | To | | | | |

| to | to | | | | |

| Up | Up | | | | |

| up | up | | | | |

| We | We | | | | |

| we | we | | | | |

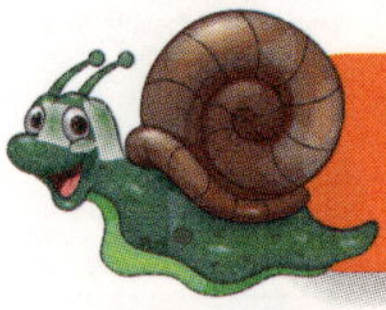

Words: Three Letters

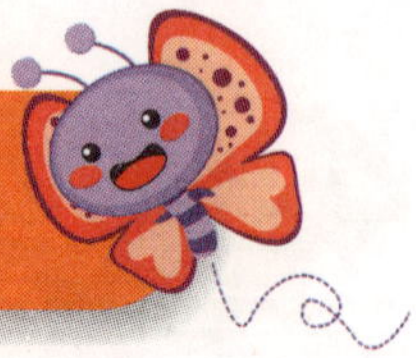

Ant

Ant

ant

Ape

Ape

ape

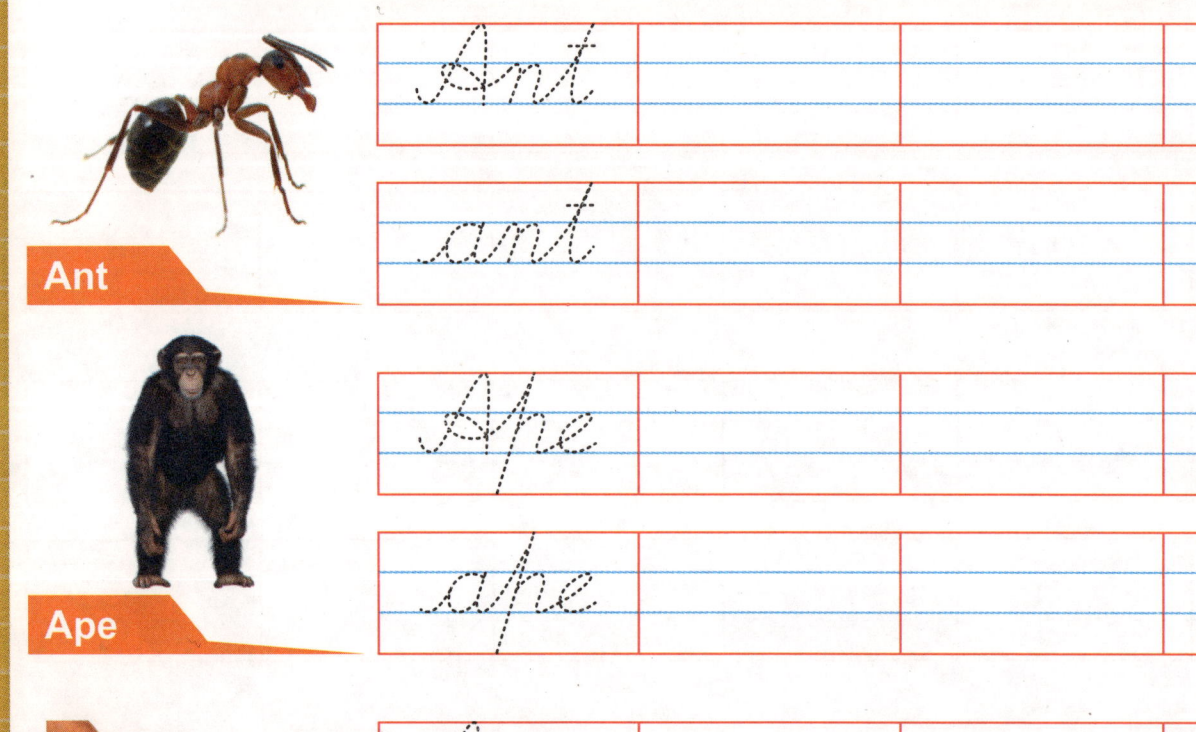

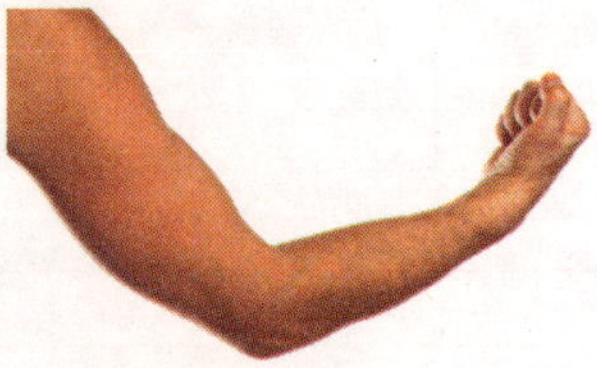

Arm

Arm

arm

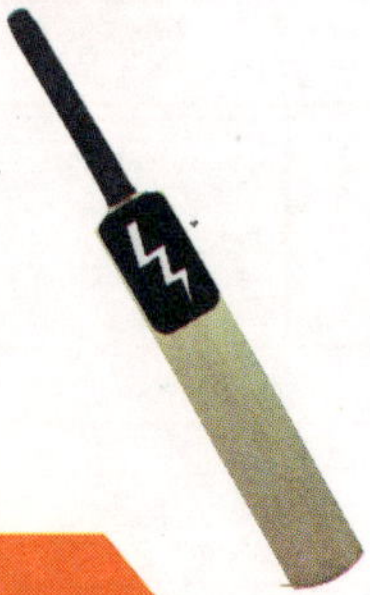

Bat

Bat

bat

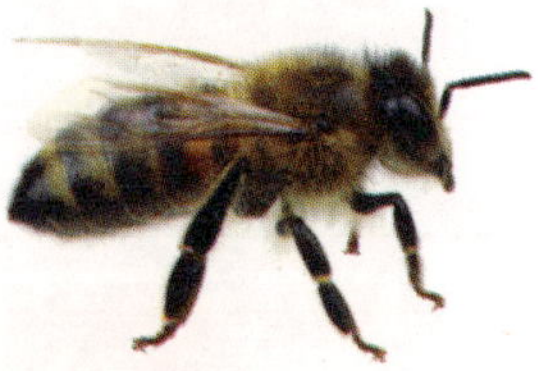

Bee

Bee

bee

Words: Three Letters

Boy

Boy

boy

Bus

Bus

bus

Cat

Cat

cat

Cow

Cow

cow

Dog

Dog

dog

Words: Three Letters

Egg

Egg

egg

Emu

Emu

emu

Fan

Fan

fan

Fig

Fig

fig

Hat

Hat

hat

Words: Three Letters

Hen

| Hen | | | |
| hen | | | |

Ice

| Ice | | | |
| ice | | | |

Ink

| Ink | | | |
| ink | | | |

Jam

| Jam | | | |
| jam | | | |

Jet

| Jet | | | |
| jet | | | |

15

Words: Three Letters

Keg / keg

Key / key

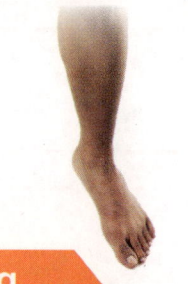

Leg / leg

Log / log

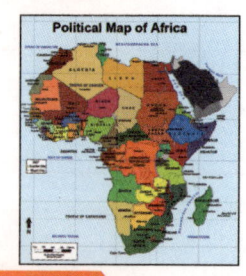

Map / map

Words: Three Letters

Mop

Mop

mop

Mug

Mug

mug

Nib

Nib

nib

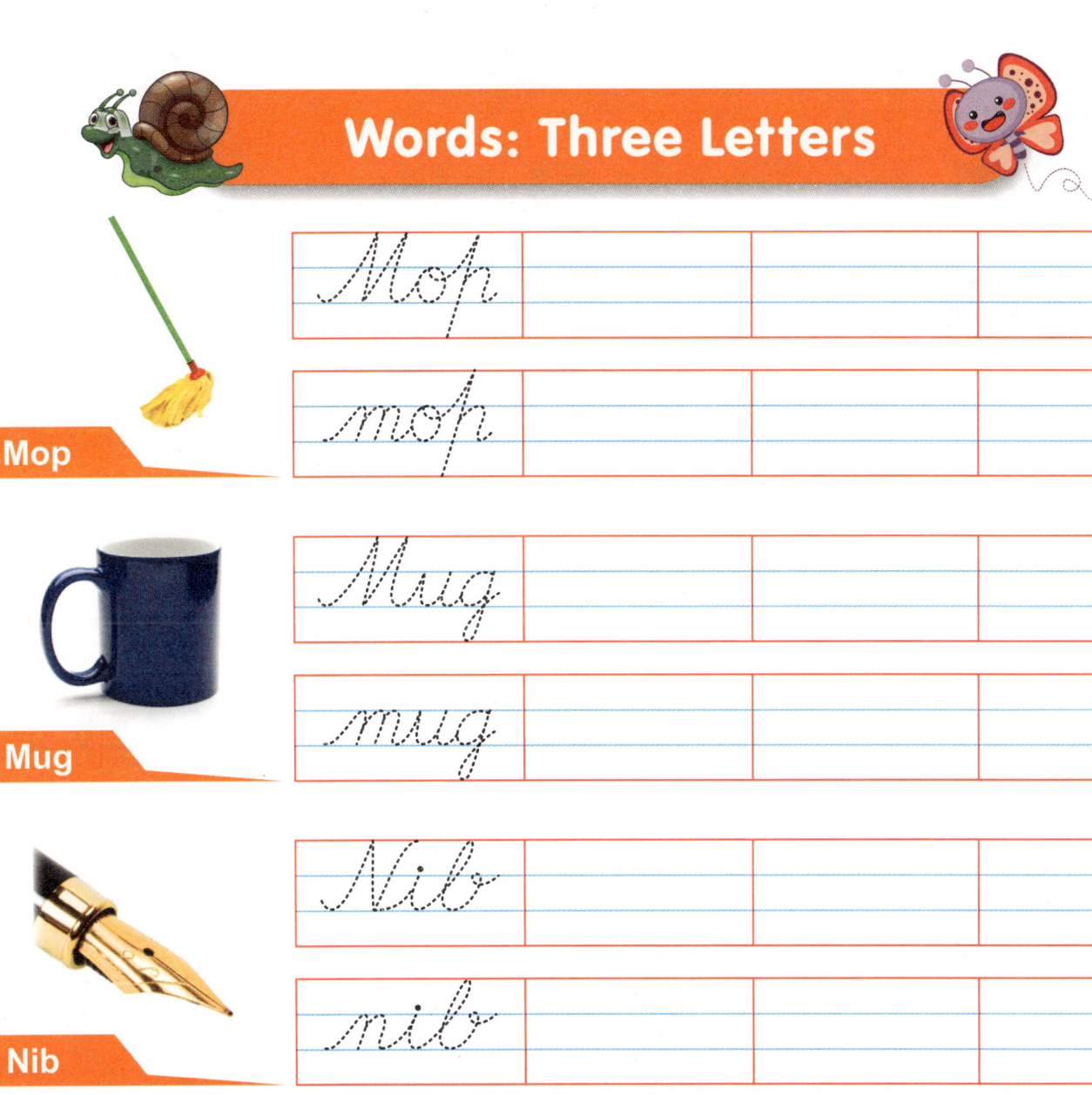

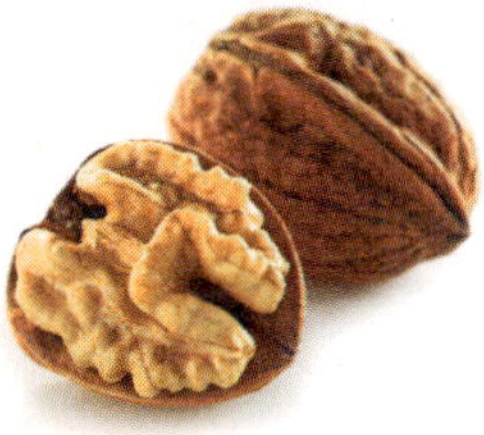

Nut

Nut

nut

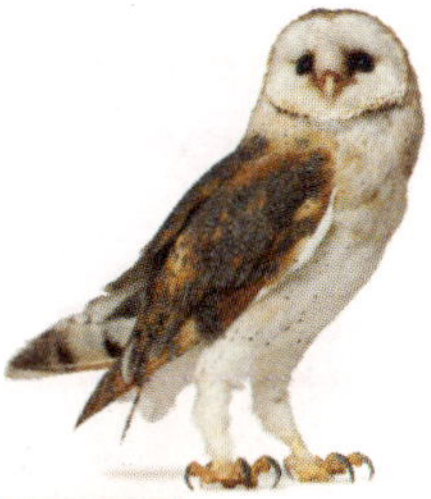

Owl

Owl

owl

Words: Three Letters

Pan — Pan / pan

Pin — Pin / pin

Rat — Rat / rat

Rug — Rug / rug

Saw — Saw / saw

Words: Three Letters

Tap

Tap
tap

Tub

Tub
tub

Van

Van
van

Yak

Yak
yak

Zip

Zip
zip

19

Words: Four Letters

Baby

Baby

baby

Bell

Bell

bell

Boat

Boat

boat

Book

Book

book

Cake

Cake

cake

20

Words: Four Letters

Crow

Crow

crow

Cube

Cube

cube

Date

Date

date

Doll

Doll

doll

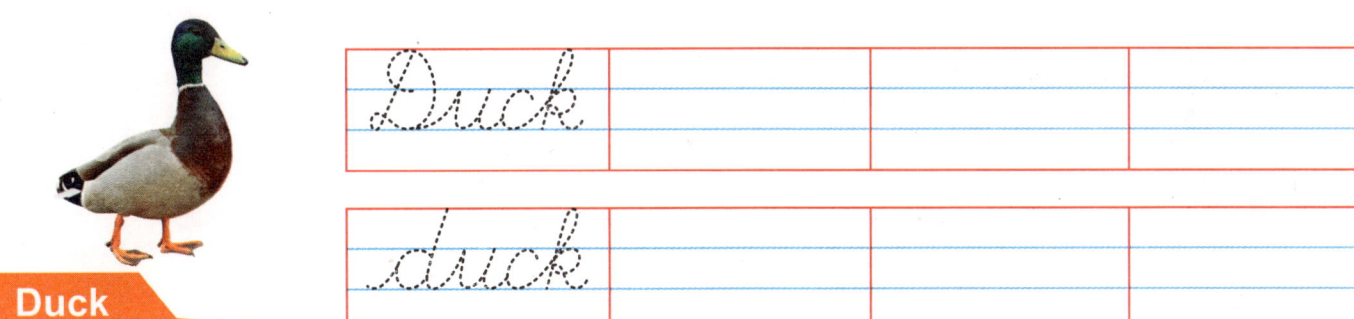

Duck

Duck

duck

21

Words: Four Letters

Eyes	Eyes			
	eyes			

Fish	Fish			
	fish			

Frog	Frog			
	frog			

Gate	gate			
	gate			

Girl	girl			
	girl			

Words: Four Letters

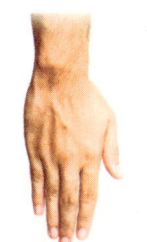

Hand

Hand

hand

Hawk

Hawk

hawk

Hole

Hole

hole

Iron

Iron

iron

Kale

Kale

kale

Words: Four Letters

Kite

Kite

kite

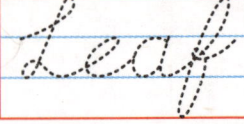

Lamp

Lamp

lamp

Leaf

leaf

Leaf

Lion

lion

Lion

Mask

mask

Mask

Words: Four Letters

Milk

Milk

milk

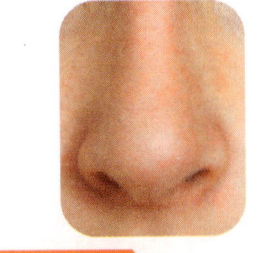
Nest

Nest

nest

Nose

Nose

nose

Pear

Pear

pear

Rake

Rake

rake

Words: Four Letters

Ring

Ring

ring

Sack

Sack

sack

Ship

Ship

ship

Tent

Tent

tent

Urns

Urns

urns

Words: Four Letters

Vase

Vase
vase

Well

Well
well

Wolf

Wolf
wolf

Yarn

Yarn
yarn

Zero

Zero
zero

Words: Five Letters

Apple

Apple

apple

Bread

Bread

bread

Chair

Chair

chair

Drill

Drill

drill

Eagle

Eagle

eagle

Words: Five Letters

Glass

| Glass | | |
| glass | | |

Honey

| Honey | | |
| honey | | |

Igloo

| Igloo | | |
| igloo | | |

Jeans

| Jeans | | |
| jeans | | |

Knife

| Knife | | |
| knife | | |

Words: Five Letters

Lemon

Lemon

lemon

Mango

Mango

mango

Nails

Nails

nails

Olive

Olive

olive

Pizza

Pizza

pizza

Words: Five Letters

Quilt

Quilt

quilt

Shoes

Shoes

shoes

Table

Table

table

Watch

Watch

watch

Yacht

Yacht

yacht

31

Look at each picture and write its name.

 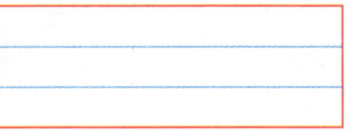